LOUIS GUIBERT

LES

PÉNITENTS

Extrait de l'Almanach limousin pour 1879

LIMOGES

IMPRIMERIE Ve H. DUCOURTIEUX

5, RUE DES ARÈNES, 5

1879

DU MÊME AUTEUR :

Le château de Chalucet. — Limoges, Sourilas, Ardillier fils et Cie, 1863.

Crucifixa. — Paris, Dentu, 1863.

Rimes franches. — Paris, Librairie centrale, 1864.

Dolentia. — Paris, Librairie centrale, 1865.

Légendes du Limousin. — Paris et Tournai, Casterman, 1865.

Quelques mots sur la surveillance légale, lettre à un député. — Paris, F. Henry, 1870.

Les Employés de Préfecture. — Paris, F. Henry, 1870.

L'assemblée du 8 février et la loi électorale. — Lyon, Josserand, 1871.

Un journaliste Girondin. — 1871. (Cet ouvrage ne se trouve pas en librairie.)

De la grève, du travail et du capital. Conférence faite à une association ouvrière de Lyon, le 30 mai 1870. — Lyon, Josserand, 1871.

Questions électorales. — Paris, Lachaud, 1871.

Notes de voyage, Mauvais jours, Ex intimo, Poésies diverses. — Paris, Lachaud, 1872.

Limoges et le Limousin, histoire et légendes. — Paris, Leipsig et Tournai, Ve Casterman, 1875.

Assurances sur la vie. Notions pratiques. — Limoges, Ve H. Ducourtieux, 1876.

Rimes couleur du temps. — Paris, Dentu, 1877.

Une page de l'Histoire du Clergé français au XVIIIe siècle : Destruction de l'Ordre et de l'Abbaye de Grandmont. — Limoges, Ve H. Ducourtieux, et Paris, Champion, 1877.

Sceaux et Armes de l'Hôtel-de-Ville de Limoges. — Sceaux et Armes des villes, églises, chancelleries, corps de justice, communautés, confréries et corporations des trois départements Limousins. — Limoges, Chapoulaud frères, 1878.

Le Parti Girondin dans le département de la Haute-Vienne. Extrait de la *Revue historique.* — Paris, 1878.

Coutumes singulières de quelques confréries et de quelques églises du diocèse de Limoges. Extrait du *Bulletin de la Société archéologique et historique du Limousin.* — Limoges, 1878.

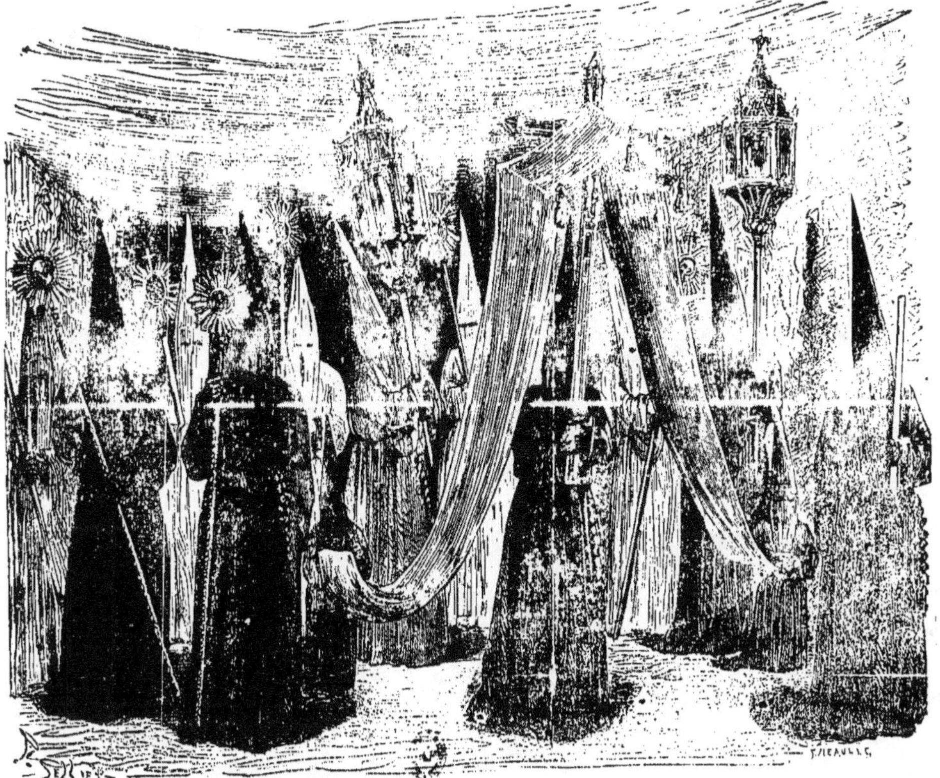

UNE PROCESSION DE PÉNITENTS DE LIMOGES.

Ve B. Ducourtieux, Libraire-Éditeur.

(Extrait de l'Almanach limousin 1879.)

LES PÉNITENTS

LOUIS GUIBERT

LES
PÉNITENTS

Extrait de l'Almanach Limousin pour 1879

LIMOGES

IMPRIMERIE DE Mᵐᵉ Vᵉ H. DUCOURTIEUX

5, RUE DES ARÈNES, 5

1879

LES PÉNITENTS

Les compagnies de pénitents ont, depuis quelques années, disparu de nos processions, où elles tenaient une place importante et dont elles étaient le plus pittoresque élément. L'une après l'autre elles se sont éteintes. Encore un peu de temps et de ces confréries si nombreuses, si vivantes, si populaires autrefois à Limoges, il ne restera rien — rien qu'un souvenir confus et probablement une fausse notion de leur objet et de leur esprit. Hâtons-nous donc de consacrer quelques pages à nos pénitents, alors que le public peut avoir gardé d'eux une idée assez nette et que chacun dans sa mémoire retrouve encore leur image. Le siècle va vite; les ruines s'amoncèlent : si nous laissions s'écouler quelques années, nous courrions risque de n'écrire que pour les archéologues.

On se moquait volontiers des pénitents; et certes, à l'étranger qui s'attachait à l'extérieur et n'allait pas au fond des choses, ce fantastique cortége, cette barbare psalmodie, ce costume rappelant fidèlement celui du magicien classique des ombres chinoises, pouvaient prêter à rire. Mais les Limousins étaient habitués à tout cela. Leurs brocards visaient moins les singularités de l'équipage des confrères que leurs écarts de conduite, — surtout de régime... On les accusait de n'être pas tous, en réalité, aussi pénitents qu'ils voulaient en avoir l'air, et de mettre trop peu d'eau dans leur vin. De là des plaisanteries consacrées, des épigrammes séculaires qu'on ne manquait pas de rééditer à chacune de leurs apparitions. C'était le proverbe patois :

> Coulounbaïre, pipeïaïre, peniten
> Soun trei meitïeï de vaurien.

ou bien le français, plus expressif et plus précis :

> Le matin, blanc, bleu, rouge ou noir,
> Gris le soir.

En dépit de ces gauloiseries, la population de Limoges avait un faible pour les pénitents, et il nous arrive souvent de recueillir un mot de regret à leur adresse, sur le parcours de nos processions, qui ressemblent aujourd'hui aux autres, comme notre gare ressemble à toutes les gares. Il ne faut pas, assurément, pousser trop loin l'amour du pittoresque ; néanmoins si le Parisien ou le Tourangeau éprouvaient quelque surprise en voyant figurer ces compagnies dans les cérémonies religieuses, l'habitant de Limoges ressentait une sorte d'émotion mêlée de sympathie, et, le dirons-nous ? d'un certain respect, quand nos pénitents passaient, droits et fiers, frappant le pavé de leurs bâtons de cuivre. Parfois, sans doute, leur tenue n'était pas irréprochable ; ils chantaient faux et laissaient déborder sous leur sac trop court des pantalons dont la couleur jurait avec la livrée de la confrérie. Ils affectaient, assure-t-on, une certaine indépendance vis-à-vis du clergé paroissial... Qu'importe. Ils étaient la vieille note locale dans le concert catholique des grands jours : cette note avait, ce nous semble, sa valeur et son importance. On n'a vu, dans l'institution vieillie, que des singularités et des inconvénients ; il y avait autre chose : la tradition, et une tradition de trois siècles. — Pendant deux cent soixante-dix ans, tous les habitants de Limoges, riches et pauvres, magistrats, prêtres, négociants, artisans, ouvriers, se sont confondus dans les rangs de ces confréries, ont revêtu cet humble costume et pratiqué, à l'ombre de la croix, la véritable solidarité humaine, l'union, la fraternité, la charité. A défaut de sympathies, un tel passé aurait dû assurer à nos anciennes compagnies quelques ménagements de la part de l'autorité ecclésiastique, un peu plus de condescendance peut-être de la part du clergé paroissial. Il est vrai que les pénitents eux-mêmes, sauf un fort petit nombre d'honorables exceptions, n'ont pas montré un grand attachement à leurs confréries. Plusieurs de celles-ci étaient mal administrées ; dans toutes il existait des abus. Et puis la foi n'était plus là : on ne recrutait pas de nouveaux membres. Trois ou quatre anciens, avec lesquels nous avons causé de la possibilité de conserver au moins une de leurs associations, nous ont tenu le même langage : — « Voyez vous, Monsieur, c'est bien fini. *Les jeunes gens n'en veulent plus.* » — Pour faire figurer sa compagnie aux processions, le zélé trésorier des pénitents blancs n'était-il pas forcé, en dernier lieu, d'habiller ses ouvriers avec les costumes déposés chez lui, et de mener ainsi à travers la ville un cortége composé presque en totalité de personnes étrangères à l'association ?

C'est une opinion très répandue à Limoges que les confréries de pénitents furent une institution particulière à notre pays, et nous surprendrons beaucoup de nos compatriotes en leur disant que, longtemps avant l'établissement de ces compagnies dans notre ville, un assez grand nombre de cités du midi de la France en possédaient. Les premières associations de ce genre sont signalées au xiiie siècle; ou plutôt, à cette époque seulement on peut constater d'une manière précise leur existence. Quant à leur origine, elle appartient à une date beaucoup plus reculée. Dans les premiers siècles de l'Eglise, on comptait un grand nombre de chrétiens soumis à des pénitences publiques. Ils étaient divisés en plusieurs catégories, et devaient s'acquitter en commun de certains exercices. On a lieu de penser qu'ils avaient formé entre eux des confréries. Ils nous offriraient ainsi le prototype des associations établies dans la suite en Italie, en France et en Espagne. — Nous trouvons plus tard des traits frappants de ressemblance entre les premières compagnies de pénitents et les troupes de flagellants qui parcoururent, à diverses époques, une partie de l'Europe. Dans les descriptions que les historiens nous ont laissées de ces derniers, nous ne constatons pas seulement une analogie toute naturelle de sentiments et d'idées avec les confréries dont nous nous occupons ; nous rencontrons les mêmes exercices et les mêmes habitudes : le mélange des conditions sociales, l'humilité des habits, la publicité de la pénitence, les processions, les macérations, les chants lugubres, les flambeaux allumés. Il faut rappeler toutefois que les flagellants devinrent une secte professant des hérésies condamnées par le Saint-Siege. L'Eglise n'eut jamais rien de semblable à reprocher aux associations de pénitents : parfois nous trouvons ceux-ci en discussion avec le clergé paroissial, mais toujours respectueux de l'autorité des évêques.

On s'accorde généralement à considérer saint François-d'Assise comme le véritable fondateur des confréries régulières de pénitents; il en donna en effet le modèle en instituant, vers 1220, son tiers-ordre pour les personnes que leurs devoirs de famille retenaient dans le monde. Ce fut un de ses disciples, saint Bonaventure, qui dressa les statuts de deux des plus anciennes compagnies connues : celle de Notre-

Dame du Gonfalon de Rome, fondée, en 1264, sous la dénomination de *Confrérie des Recommandés de la Sainte-Vierge*, et celle des pénitents blancs de Lyon, érigée en 1274, dans le cloître des Cordeliers de cette ville. La cité des papes, Avignon, dispute à Lyon l'honneur d'avoir possédé, la première en France, une association de pénitents. S'il faut en croire les chroniqueurs, une confrérie de ce genre y aurait été créée, dans la chapelle de Sainte-Croix-hors-les-Murs, dès 1226, à la suite d'une procession solennelle à laquelle assistaient le roi Louis VIII, le légat du pape, tous les chefs de la croisade et plus de soixante évêques. Le but de cette imposante manifestation était de faire amende honorable au Saint-Sacrement, en réparation des sacriléges commis par les Albigeois. Les confrères, qui reçurent leurs statuts de Pierre de Corbie, portèrent d'abord le nom de *disciples de Louis VIII*, puis ceux de *confrères de la Sainte-Croix, pénitents gris, battus de la Croix* ou *disciplinés*, à cause de la flagellation qu'ils devaient s'infliger tous les vendredis en récitant les psaumes de la pénitence.

Toulouse suivit, dès 1287, l'exemple d'Avignon et de Lyon; d'autres localités virent également des personnes pieuses former des confréries de pénitents. Toutefois il ne paraît pas que jusqu'au xvie siècle, ces associations aient beaucoup prospéré. Plusieurs disparurent durant les guerres civiles qui marquèrent le règne de Charles IX; quelques-unes, après avoir été fortement ébranlées, se retrempèrent au contraire dans l'épreuve : on les vit non-seulement se réorganiser et augmenter le nombre de leurs membres, mais provoquer la fondation de nouvelles compagnies dans les villes qui n'en possédaient pas. Montpellier, Grenoble, Le Puy, Marseille avaient des pénitents avant 1582. En cette année, Henri III, dont le goût pour les cérémonies religieuses est connu, assista, à son passage à Avignon, aux exercices des pénitents et y prit un si vif intérêt, qu'arrivé à Lyon il voulut suivre ceux des confrères de cette ville et se fit agréger à la compagnie. Il emmena avec lui un des dignitaires, Maurice du Peyrat, et le chargea d'organiser à Paris une association semblable, où il fit entrer ses mignons, des magistrats et quelques notables bourgeois. Du Peyrat fut vice-recteur de la nouvelle compagnie, fondée sous le titre de *Congrégation des Pénitents de l'Annonciation de Notre-Dame.*

Le roi dirigeait tout et avait, pour la première année, dési-

gué les officiers ; mais il ne s'était réservé aucune fonction.
Le cardinal de Bourbon fut choisi pour remplir la charge de
recteur. On décida que les confrères porteraient un sac blanc,
« allant jusque sur les pieds, assez large, avec deux manches
» non trop justes, et un capuchon sur la cousture du collet
» par le derrière, assez pointu par en haut, et par devant al-
» lant en pointe jusques à demy pied au dessouz de la cein-
» ture, n'y ayant que deux trous pour regarder à l'endroict
» des yeux ». Cette robe devait être « d'assez grosse toile de
» Hollande ». Les comptes de dépenses de Henri III consta-
tent qu'il fut acheté, pour les deux cents costumes nécessaires aux confrères, deux mille aunes de « serge d'escot ». Les
pénitents de la compagnie royale portaient à la ceinture « une
» cordelière de filet blanc, avec plusieurs nœuds, pendante
» jusques au dessouz des genoux »; un chapelet blanc et une
discipline y étaient attachés. Au sac était fixé, à la hauteur de
l'épaule gauche, un écusson rond de « veloux tanné can-
» nelé », orné d'une croix de taffetas blanc. — C'était à peu
de chose près le costume des pénitents de l'Italie et du midi
de la France.

Le 20 mars, la congrégation tint un chapitre solennel, où
les confrères furent reçus et leurs insignes bénits par l'évêque
de Rimini, nonce du Saint-Siége. Les statuts, rédigés par le
jésuite Auger, confesseur du roi, étaient calqués sur ceux des
pénitents de Lyon et du Midi. Tout membre de la confrérie
devait, avant d'être admis, faire une profession de foi très
explicite et qu'il signait de sa main. Il était tenu de réciter,
matin et soir, trois *Pater* et trois *Ave* en baisant la terre, d'entendre chaque jour la messe, de dire chaque jour le chapelet
ou tout au moins le dixain, d'assister aux assemblées qui
avaient lieu le premier mercredi de chaque mois, de jeûner,
se confesser et communier à certaines époques. Ces règles
étaient communes à tous les membres de l'association; ceux
qui appartenaient à l'étroite observance s'engageaient de plus
à se confesser tous les quinze jours, à réciter quotidienne-
ment les heures de Notre-Dame, et à faire chaque soir leur
examen de conscience. On n'était admis dans la compagnie
qu'après une année de noviciat.

On connaît les détails de la première sortie des Pénitents
de Notre-Dame. Les contemporains, Lestoille notamment,
nous ont laissé le récit de cette procession, qui eut lieu le
vendredi 25 mars 1583, jour de l'Annonciation, fête patronale

de la nouvelle confrérie. Les pénitents se rendirent du couvent des Augustins, où était leur tribune ou oratoire particulier, à l'église cathédrale, marchant deux à deux sous la pluie. Le roi se trouvait parmi les confrères, « sans garde, ni différence soit d'habit, de place ou d'ordre ». La plupart des meneurs de la Ligue étaient dans les rangs de la compagnie. Nous avons déjà dit que le cardinal de Bourbon — le futur roi de Paris et le premier Charles X — remplissait les fonctions de recteur ; le cardinal de Guise portait la croix processionnelle ; le duc de Mayenne était maître des cérémonies. Pour le reste, écoutons Lestoille, sous toute réserve bien entendu ; il y a lieu d'en faire ici plus encore qu'ailleurs : « Frère Edmond Auger, » jésuite, bateleur de son premier mestier, dont il avoit encore » tous les traits et farces, avec un nommé Du Peyrat, Lyon- » nois et fugitif de Lyon pour crimes atroces, conduisoient le » demeurant. Les chantres vestus de mesme habit et marchant » en trois distinctes compagnies, chantoient melodieusement » la litanie en faux bourdon. Arrivés à l'église Nostre-Dame, » chantèrent tous à genoux le *Salve Regina* en très harmo- » nicuse musique, et ne les empescha la grosse pluye qui dura » tout le jour de faire et achever, avec leurs sacs percez et » mouillés, leurs cérémonies encommencées. Sur quoy un » homme de qualité, qui regardoit passer la procession, fit le » quatrain qui suit :

> Après avoir pillé la France
> Et tout son peuple dépouillé,
> N'est ce pas belle pénitence
> De se couvrir d'un sac mouillé ? »

Le peuple de Paris s'amusa fort de ce spectacle ; on en fit mille plaisanteries. A la Cour même on s'en moqua, et il fallut faire fouetter cent vingt pages ou laquais du palais, qui, dans une basse salle du Louvre, avaient parodié la procession du 25. Le fameux Poncet, qui prêchait à Notre-Dame, tonna contre une cérémonie où les Ligueurs ne voulurent voir qu'un scandale de plus. « Ah ! malheureux hypocrites, s'écria-t-il, vous vous moquez de Dieu sous le masque, et portez pour contenance un fouet à votre ceinture ; ce n'est pas là, de par Dieu, où il faudrait le porter, c'est sur votre dos et vos épaules, et vous en étriller très bien : il n'y a pas un de vous qui ne l'ait bien gagné ! »

Malgré les brocards de la rue et les invectives de la chaire, les pénitents royaux continuèrent leurs pieux exercices ;

mais l'institution n'eut pas grand succès à Paris, où il ne se fonda qu'une autre compagnie du même genre. Dans les provinces, au contraire, ces associations se multiplièrent et devinrent bientôt assez importantes dans certaines villes pour y exercer une très réelle influence. L'autorité locale dut plus d'une fois compter avec elles.

Les compagnies dont nous nous occupons étaient avant tout des associations de piété. La pénitence, l'expiation des fautes, la rentrée en grâce du pécheur auprès de Dieu, tel fut l'unique objet que se proposèrent leurs fondateurs. La prière, la mortification et la charité n'étaient que les moyens d'atteindre ce but; mais il faut reconnaître que, pour n'être qu'un accessoire de leur programme, la charité n'en fut pas moins en réalité la principale occupation de ces confréries. Par elle surtout, on peut le dire, elles grandirent et obtinrent cette popularité extraordinaire dont nous nous faisons à peine une idée aujourd'hui; nulle part on ne la trouve plus féconde, plus active, plus ingénieuse, plus attentive, plus délicate : répondant à tous les besoins, descendant à toutes les misères, acceptant les plus humbles emplois et sachant s'élever aux missions les plus sublimes. Nous rencontrons le pénitent partout où il y a des maux à secourir, des douleurs à consoler : dans les hopitaux, au chevet des malades; sur les places, dans les taudis, auprès du pauvre et du voyageur; dans les prisons, à côté du captif; au pied du gibet, la main dans la main du condamné. Et quand l'expiation est achevée, quand la justice humaine, son œuvre terminée, s'éloigne abandonnant le corps du criminel, c'est le pénitent qui recueille ces restes infâmes, c'est lui qui leur donne la sépulture, les dépose en terre sainte et qui prie sur eux comme sur la dépouille d'un ami. Et chaque année il revient s'agenouiller sur la terre qui les recouvre : pour ces coupables, depuis longtemps oubliés par la société, il aura toujours, lui, un souvenir et une prière. Le sentiment profond de la solidarité humaine a-t-il jamais produit rien de plus admirable? fraternité ou charité, l'amour de l'homme pour son semblable est-il jamais allé plus loin, a-t-il pu s'élever plus haut ?

On s'est donc étrangement mépris sur le but de cette institution en voulant voir, dans l'ancienne confrérie de pénitents, une sorte de société de secours mutuels; on a méconnu par là, on a rabaissé, rétréci la grande inspiration qui l'animait.

Un souffle plus haut avait empli l'âme de ses fondateurs. Pour trouver le germe des sociétés de secours mutuels, il faut s'adresser aux institutions corporatives, qui par un certain côté répondent aux mêmes besoins; on ne rencontre rien de semblable à l'origine des associations de pénitents et pendant la période la plus florissante de leur existence. Leur œuvre est plus large et d'un caractère plus élevé. — Peu de personnes aujourd'hui se rendent bien compte de ce que fut l'ancienne société; on ne la voit en général qu'à travers les déclamations des philosophes et des pamphlétaires, les misères et les disettes des xvii° et xviii° siècles, la décadence de l'esprit religieux, la ruine des libertés municipales et provinciales, le relâchement de la vie monastique, la transformation amenée par une concentration excessive du pouvoir et par le renversement de toutes les institutions de nature à porter ombrage à l'autorité royale. L'existence était dure aux temps dont nous parlons; néanmoins si rude qu'elle fût, elle avait souvent une indépendance et une dignité que nous sommes condamnés à ignorer. Il ne faut pas faire du moyen âge un âge d'or; l'homme, au contraire, y était sans cesse entouré de menaces, de périls, et on a pu sans exagérer dire que sa vie était celle d'un soldat dans une place assiégée. Le danger et le combat étaient de tous les jours. Il y avait de grandes douleurs, de profondes infortunes, de terribles angoisses. Mais à côté d'immenses misères, surgissait une infatigable et inépuisable charité. Il n'était pas besoin, il n'était pas question d'engagements réciproques, de cotisations, de limitation de l'assistance, de règles pour l'assurer aux pauvres et aux malades. Dans le milieu chrétien et libre où elle se produisait, la bienfaisance ne connaissait ni bornes ni lois. La générosité spontanée des détenteurs de la fortune nationale pourvoyait à tous les besoins avec une largesse qu'on ne peut se lasser d'admirer. Les associations philanthropiques étaient alors fondées non dans le but de procurer à leurs membres certains secours, mais pour unir les efforts de tous les adhérents en vue d'une œuvre de bienfaisance extérieure. Non seulement le but était presque toujours rempli; mais les confrères mettaient leur honneur à ce qu'il le fût pleinement, surabondamment, magnifiquement dans certains cas. Les associés se devaient sans doute l'un à l'autre des secours temporels aussi bien que des secours spirituels; mais ce côté de leurs obligations était considéré par eux comme très secondaire, ayant trait à une éventualité qui devait très rarement se produire. Pendant long-temps les compagnies de pénitents paraissent ne s'en être pas préoccupées, vu le petit nombre d'associés qui avaient besoin de secours et la certitude qu'il y était largement pourvu par la charité individuelle des confrères. A la fin du xviiᵉ siècle, l'assistance des associés pauvres commence à exciter la sollicitude des compagnies; au xviiiᵉ, elle absorbe une partie de leurs ressources.

Limoges n'eut de pénitents que tout à la fin du xviᵉ siècle. Le fait paraîtra surprenant si l'on considère que notre ville devait plus tard passer pour la localité du royaume où l'on comptait la plus grande quantité de confrères, et que, pour le nombre des compagnies et la variété de leurs costumes, elle le cédait, en 1789, à une seule cité en France, à Marseille. — Lyon, Avignon et Toulouse avaient été distancés.

C'est à l'année 1598 que remonte l'établissement de la première compagnie de pénitents instituée à Limoges. La mémoire du fondateur de cette pieuse association, Bernard Bardon de Brun, est encore vénérée dans notre ville. — Bardon de Brun avait refusé d'acheter une charge de conseiller au présidial, ne voulant pas, disait-il dans son énergique langage, « vendre la justice ». Il exerçait la profession d'avocat et mérita le beau surnom d'*avocat des pauvres*, que lui donnent ses biographes, en mettant sa science et son talent au service de ceux-là seuls qui ne pouvaient pas lui payer d'honoraires. Ce saint personnage, qui reçut les ordres sacrés après la mort de sa femme, vers 1615, avait étudié le droit à Toulouse et s'était fait admettre dans la confrérie des pénitents noirs, établie en cette ville, vers 1576, sous l'invocation de l'Exaltation de la Sainte-Croix. Il en fut un des membres les plus zélés ; mais c'est par erreur, croyons-nous, que plusieurs écrivains l'ont signalé comme en ayant été l'un des fondateurs : cette compagnie existait selon toute apparence avant l'arrivée du jeune homme dans la métropole du Midi; d'ailleurs, à l'époque où elle fut établie, Bardon de Brun n'avait que douze ans.

Quoi qu'il en soit de cette particularité, peu importante en elle-même, Bardon voulut doter sa ville natale d'une institution dont il avait pu apprécier, à Toulouse, les excellents fruits. Il ne pouvait concevoir aucun doute sur le succès de son entreprise : l'esprit de la population limousine lui était

connu ; il savait combien ces associations égalitaires conve-
naient au caractère de cette vieille bourgeoisie ombrageuse
et dévote, et quelles racines profondes avaient poussées dans
le peuple les confréries fondées dans les siècles précédents,
depuis celles de Saint-Martial et du Saint-Sacrement jusqu'à
celles de la Baylie des âmes et de Notre-Dame-du-Puy.
Il réunit quelques pieux amis, des prêtres, des magistrats et
des négociants, leur fit part de son dessein et, s'inspirant du
règlement qu'il avait naguère lui-même pratiqué, il rédigea
des statuts qui furent approuvés, le 10 septembre 1598, par
l'évêque Henri de La Marthonie. La confrérie obtint plus tard
du Saint-Siège un bref d'autorisation et d'indulgences, dont
nous n'avons pu retrouver le texte.

Les statuts des pénitents noirs sont un des monuments les
plus intéressants de l'histoire de nos confréries limousines.
Bien qu'ils aient la plus grande analogie avec ceux des pénitents de Toulouse et de Lyon, et qu'ils s'inspirent surtout du
règlement donné par saint François de Sales, en 1593, à l'association des pénitents de la Croix, fondée par lui à Annecy,
ils s'en distinguent par une certaine rudesse, une sorte de naïve
franchise, où se trahit l'accent personnel de leur auteur.

Bardon de Brun exigea des confrères une vie exemplaire,
l'observation assidue des règlements, une entière obéissance
aux officiers de la compagnie. Ces officiers étaient élus à la
pluralité des voix, par tous les pénitents : ils étaient au nombre de vingt : un recteur, « homme d'authorité, de bonne vie
» et de grande prudence », un lieutenant ou collatéral « sage
» et avisé, pour présider en l'absence du recteur », six con-
seillers, « hommes prudents et de très grand jugement », un
syndic « bien expérimenté et diligent », trois censeurs « per-
» sonnages graves et vénérables, chargés de remarquer les
» vices des confrères », un trésorier « responsable et loyal »,
un contrôleur « de très entière vie et de bonne foy », un secré-
taire « fidel et discret », un aumônier « dévot et loyal », enfin
deux marguilliers ou bailes « pour la garde et super-inten-
» dance de la chaoelle » et deux mandes ou courriers, chargés de convoquer les confrères. — Au titre de recteur, donné
dans le principe au chef des diverses compagnies, fut plus
tard substitué celui de prieur.

Les pénitents noirs obtinrent la permission d'établir leur
tribune ou oratoire particulier dans une petite église paroissiale, alors fort délabrée, et qu'ils firent réparer : Saint-Michel

de Pistorie. On sait que cette église s'élevait entre le chemin des Sœurs-de-la-Rivière et l'avenue actuelle du Pont-Neuf, derrière la maison de cette avenue qui forme l'angle du chemin descendant au ruisseau de Merdanson. La compagnie s'assemblait le premier vendredi de chaque mois pour réciter l'office et entendre un sermon prêché « par » quelque docte prédicateur, bien catholique, et approuvé par » l'ordinaire », ou « l'exhortation faicte particulièrement en- » tre les confrères ». Après quoi ceux-ci devaient prendre la discipline, mais en secret, et seulement s'ils avaient « com- » mandement ou dévotion » de le faire. Le second dimanche de chaque mois, ils se réunissaient de nouveau, pour entendre ensemble la messe et communier. Celui qui avait des raisons graves pour se dispenser de communier ce jour-là, était tenu de s'acquitter de ce devoir le dimanche d'après en présence d'un confrère qui pouvait en témoigner. Même obligation aux cinq grandes fêtes de la sainte Vierge, à celles de saint Martial, de sainte Valérie (et plus tard à celle de saint François-de-Sales), aux deux fêtes de la sainte Croix, en mai et en septembre. On devait se confesser à un prêtre désigné et non à une personne de son choix, entendre chaque matin la messe, réciter tous les jours, « pour le bien et l'augmentation de la » compagnie », cinq *Pater* et cinq *Ave* ou l'antienne : *O crux, ave,* — faire le soir, avec soin, son examen de conscience, jeûner à certaines époques, fuir les « hôtelleries, cabarets, » danses, jeux, masques et comédies ». Les membres de l'association s'engageaient à se réconcilier avec leurs ennemis, et, s'il survenait entre confrères un différend, à le soumettre à l'arbitrage d'un des officiers.

Le costume des pénitents noirs de la Sainte-Croix consistait en un sac de toile attaché à la ceinture par un cordon de laine ou une lanière de cuir, où était passé un chapelet « sans » pompe ni superfluités ». Ils avaient la tête couverte d'un chapeau pointu, en forme de cornet, d'où tombait sur la poitrine un voile en pointe, percé de deux trous à la hauteur des yeux.

La confrérie faisait dans l'origine deux processions : l'une dans l'octave de la Fête-Dieu, l'autre le Jeudi-Saint. — Cette procession du Jeudi-Saint était une des cérémonies caractéristiques des compagnies de pénitents, et nous la retrouvons mentionnée et soigneusement réglée dans les statuts de toutes les associations de ce genre. Elle avait lieu à la tombée du la nuit; les confrères parcouraient les rues portant, les uns des cierges allumés, les autres des lanternes placées au bout de longs bâtons. Ils marchaient pieds nus, psalmodiant par intervalles quelques versets, d'une voix traînante, leur croix processionnelle couverte d'un crêpe. Le peuple aimait ce spectacle, qui frappait fortement son imagination et ajoutait à la pompe lugubre que déploie l'Eglise pendant les jours de deuil de la Semaine-Sainte.

La fête de la confrérie était fixée au jour de l'Invention de la Sainte-Croix, et ce jour-là seulement on chantait une grand'messe dans la tribune; plus tard les pénitents noirs firent, dans l'après-midi, leur troisième procession. La veille au soir, ils se réunissaient pour réciter l'office, et, le lendemain de la fête, ils faisaient célébrer un service pour les membres défunts de l'association. Chaque compagnie assistait en costume aux obsèques de ses membres, et nous rencontrons, dans les statuts primitifs des pénitents de Limoges, une disposition formelle à ce sujet. Il y est dit de plus que, si un confrère vient à décéder, chaque associé est tenu de faire dire une messe pour le repos de son âme. En dehors des prescriptions spéciales, le règlement de la confrérie de la Sainte-Croix recommande la pratique de toutes les œuvres de charité auxquelles s'étaient de tout temps consacrés les pénitents d'Italie et du Midi de la France : « Iront les confrères visiter » prisonniers et pauvres, pour les consoler et subvenir à leurs » nécessités, afin que ceux qui n'ont de quoy se substanter » soyent secourus en leur maladie. N'oublieront aussi les » pauvres filles orphelines, pour les aider à marier, et les » enfants pour leur aider à faire apprendre quelque mestier » ou art pour gagner leur vie. Se souviendront pareillement » des pauvres honteux et auront soin de faire ensevelir les » pauvres trépassés, lesquels n'auront laissé aucun bien pour » les aider à leurs funérailles, et faire prier Dieu pour eux » après leur deceds ».

Pour être admis dans la compagnie, il fallait réunir l'unanimité des suffrages. Le candidat qui ne l'obtenait pas, pouvait être renvoyé à un vote postérieur et soumis à une nouvelle probation de trois ou quatre mois, si le Conseil le jugeait convenable. Celui qui n'avait pas eu les deux tiers des voix était définitivement écarté. Ces rigoureuses dispositions des statuts furent plus tard adoucies; on abaissa en même temps le droit d'entrée, d'abord fixé à 4 écus, et le taux de la cotisation annuelle, qui était à l'origine de 3 livres et 4 sols.

Quand le nouveau confrère se présentait pour être reçu dans la compagnie, il était conduit par un des officiers devant l'autel. Il se mettait à genoux et on chantait le *Veni Creator*. Puis le recteur interpellait le postulant :

— Mon frère, que demandez-vous ?

— La miséricorde de Dieu, la paix et la charité de cette compagnie.

Alors le recteur bénissait le sac du récipiendaire, sa ceinture, son chapelet et sa discipline, et on revêtait le nouveau confrère de ses habits, puis on lui mettait dans la main un cierge allumé, et il allait prendre place auprès des autres pénitents, après avoir prononcé à haute voix, à genoux devant l'autel, l'oraison suivante :

« O Jésus, rédempteur des humains, moi, votre indigne serviteur, me présente aujourd'hui pour être admis et associé en la compagnie qu'il vous a plu d'ériger en l'honneur de votre sainte croix, qui a été autrefois irrisoire aux juifs et aux gentils, mais aux chrétiens un support admirable et une douce consolation : afin de me faire la grâce que je sois digne d'être votre disciple et que désormais vos épines me soient roses, vos liens mes plaies (*sic*), vos larmes me soient perles, votre pourpre mes atours, votre croix ma couche de parade, ma consolation et ma prospérité en l'adversité, ma force en la faiblesse, mon contentement en l'accomplissement de vos commandements. Je vous supplie donc, mon Sauveur, de me recevoir au giron d'icelle ; car je promets de vous y servir fidèlement tout le temps de ma vie et d'en garder ses règles, aidé de votre grâce, et qu'après cette vie misérable, armé du précieux bouclier de votre croix, je puisse être reçu en l'éternité pour vous louer à jamais dans la compagnie de vos bienheureux. Ainsi soit-il. »

Le cérémonial de la réception des confrères fut plus tard très amplifié dans certaines compagnies; au fond rien ne fut changé : tout se résumait, en définitive, à l'interpellation adressée au postulant, à la bénédiction du costume et à la vêture du nouveau confrère.

Notons qu'au début, la compagnie des pénitents noirs se recruta uniquement parmi les ecclésiastiques, les membres de la magistrature, du barreau, les possesseurs de charges publiques et les marchands aisés. Les artisans n'y entrèrent que beaucoup plus tard, et ils ne paraissent pas s'être trouvé jamais en majorité dans cette compagnie comme ils le furent dans la plupart des autres ; celles-ci eurent cependant, pour fondateurs, comme la confrérie de la Sainte-Croix, des membres du clergé et de la classe la plus relevée de la bourgeoisie : mais elles ouvrirent plus largement leurs rangs ; les dernières venues surtout durent, pour rendre plus facile le recrutement des associés, se montrer de meilleure composition que leurs devancières. Elles ne se bornèrent pas à accepter des postulants appartenant à toutes les classes de la société — ce qui était du reste conforme aux traditions et ce que firent sans exception toutes les confréries limousines : le désir de montrer dans les processions un cortége plus nombreux, amena peu à peu les compagnies à se départir des règles prudentes que leur avaient tracées leurs statuts : elles cessèrent d'exiger de leurs membres les garanties morales les plus indispensables. L'abus fut poussé très loin au dernier siècle, et rien ne contribua davantage à la décadence de ces confréries.

L'institution importée de Toulouse par Dardon de Brun fut reçue avec tant de faveur par la bourgeoisie limousine et répondait si bien à la tournure d'esprit de la population d'alors, à ses goûts, à ses traditions, que, très peu de temps après l'établissement de la confrérie de la Sainte-Croix, et dans la même année 1598, il se forma une seconde compagnie du même genre : les pénitents bleus. Ceux-ci se rattachaient à un autre ordre de pénitents, l'observance dite de Saint-Jérôme, qui possédait également à Toulouse une compagnie, créée en 1575. Le costume des pénitents bleus ne différait de celui des noirs que par la couleur. La nouvelle association installa sa tribune dans l'église Saint-Paul, qui était située au point même où débouche le tunnel de la ligne de Périgueux, à l'angle de l'avenue des Bénédictins. Cette église dépendait alors de l'abbaye de Saint-Augustin ; elle tombait en ruines. Les pénitents obtinrent la permission d'y faire leurs exercices à la seule condition qu'ils la remettraient en état. En 1647, un traité définitif fut conclu entre les confrères d'une part, et l'abbé et les religieux de l'autre : ces derniers confirmaient la compagnie dans la jouissance de Saint-Paul, à la charge de faire au bâtiment les réparations nécessaires et de ne pas troubler dans son ministère le vicaire perpétuel que le monastère devait y entretenir. Cet arrangement conclu, les pénitents firent élever un petit clocher, séparé de l'église, construire une sacristie et deux salles pour les réunions, et achetèrent divers ornements. Tout alla bien pendant que les religieux de Saint-Benoît demeurèrent en possession de Saint-Paul ; mais la bonne intelligence ne put se maintenir, quand le vicaire de l'abbé de Saint-Augustin eut été remplacé par un curé. Plusieurs liasses de nos archives départementales sont gonflées de mémoires relatant les griefs de l'une et de l'autre partie. Les choses arrivèrent à un tel point que, le jour de la fête du Saint-Sacrement de l'année 1779, les pénitents refusèrent de remettre au curé, pour donner la bénédiction, l'ostensoir qu'ils avaient en dépôt. Ils ne parurent pas ce jour là à la messe, et le soir, la procession de la paroisse n'eut pas lieu, aucun d'eux ne s'étant présenté pour accompagner le clergé. Grand scandale. L'évêché signifia à la compagnie d'avoir à se soumettre sur-le-champ : les pénitents ne s'exécutant pas, une ordonnance du 5 juin les frappa d'interdit. L'autorité épiscopale ne consentit à leur laisser reprendre leurs exercices que le 9, après que toute satisfaction eût été donnée au curé. En signe de repentir et de soumission, la compagnie dut envoyer, le 10, à Saint-Paul, deux de ses membres qui assistèrent à la messe de la paroisse, en costume et un cierge allumé à la main.

Nous ignorons si les statuts qu'on trouve imprimés dans les livres à l'usage de la confrérie des pénitents bleus sont bien ses statuts primitifs. Nous avons lieu de croire qu'ils ont subi au moins un remaniement. Leurs prescriptions sont du reste analogues à celles du règlement donné aux pénitents noirs. Les assemblées du matin avaient lieu, dès la seconde moitié du xvii° siècle, le premier dimanche de chaque mois et aux fêtes de la sainte Vierge ; les réunions de l'après-midi, les premier et troisième dimanches, les jours de fêtes de la Vierge, tous les dimanches de l'Avent et du Carême, tous les dimanches depuis Pâques jusqu'à l'Octave de la fête de l'Invention et Translation de Saint-Jérôme. On s'assemblait aussi tous les soirs pendant l'Octave du Saint-Sacrement. L'élection des officiers était fixée à la veille de Saint-Jérôme. Le jour de la fête de leur patron, les pénitents bleus faisaient une procession particulière. Ils avaient en outre celle du Jeudi-Saint.

Cette compagnie obtint, en 1605, du pape Paul V, un bref d'indulgences, qui est de tous ceux accordés aux pénitents de Limoges le plus ancien dont nous possédions le texte. Notons que les termes de plusieurs de ces brefs donnent à entendre qu'il existait à Limoges des confréries de pénitents de l'un et de l'autre sexe; il ne paraît en avoir été ainsi que dans quelques villes du Midi, à Montpellier, par exemple, et à Avignon, où Catherine de Médicis avait fait inscrire son nom sur le registre des associées. Il ne faut voir dans l'expression : *una pia et devota utriusque sexus Christifidelium confraternitas*, employée dans ces lettres, qu'une formule d'usage général. Au surplus, et sauf ce que nous dirons plus loin de la confrérie du *Stabat*, nous n'avons jamais rencontré aucune indication établissant que les femmes aient été ou même pussent être affiliées aux compagnies de pénitents du diocèse de Limoges. Les statuts de quelques compagnies contiennent même un article disposant qu'il est défendu de les admettre.

La compagnie des pénitents bleus de Toulouse portait le titre de compagnie royale et jouissait de certains priviléges. Elle comptait parmi ses membres quelques-uns des plus grands personnages de l'Etat ; Louis XIII s'était fait inscrire au nombre des confrères en 1622. En 1777, Monsieur, frère du roi, fut également admis. Les pénitents bleus de Limoges sollicitèrent, en 1782, leur agrégation à cette confrérie. Ce n'était pas, comme on pourrait le croire, le désir de participer aux indulgences accordées à tous les membres de l'association par plusieurs souverains pontifes : Grégoire XIII, Clément VIII, Paul V, Urbain VIII, — qui avait inspiré cette démarche, faite d'ailleurs, vers la même époque, par plusieurs autres confréries de l'ordre de Saint-Jérôme établies dans le diocèse, celles notamment de Saint-Léonard, Eymoutiers, Saint-Yrieix, Felletin, Bourganeuf, Brive et Ussel. Une pensée de vanité en fut le seul mobile. Il s'agissait d'obtenir le droit de porter le titre de compagnie royale, privilége que concédait le seul fait de l'agrégation aux pénitents toulousains. La faveur sollicitée par les confréries limousines leur fut accordée, et elles s'en montrèrent très fières.

On ignore en quelle année fut fondée la troisième compagnie de pénitents établie à Limoges, celle des pénitents blancs de Saint-Jean-Baptiste. On constate seulement son existence antérieurement à 1611. Elle avait sa tribune à Saint-Julien-Saint-Affre, petite église paroissiale située dans l'endroit, à peu près, où s'élève à présent la maison d'éducation correctionnelle du Bon-Pasteur, rue des Pénitents-Blancs. En 1769, elle fit construire une chapelle spéciale pour ses exercices, tout auprès de cette église. Approu-

…ée par le pape Paul V, qui lui accorda des indulgences, elle prit un développement assez rapide. Les réunions du matin avaient lieu le premier dimanche de chaque mois ; les réunions de l'après-midi, les premier et troisième dimanches. Les confrères étaient tenus de jeûner tous les premiers vendredis du mois, et en outre à certaines dates ; ils devaient chaque jour réciter le cantique de Zacharie, et ceux qui ne savaient lire, trois *Pater* et trois *Ave* en l'honneur de la Sainte-Trinité, et cinq en souvenir des cinq plaies de Notre-Seigneur. Le samedi, ils disaient le *Stabat*. La Nativité et la Décollation de Saint-Jean-Baptiste étaient leurs principales fêtes ; ces jours-là, ils communiaient pieds nus et faisaient une procession particulière. Ils avaient de plus celle du Jeudi-Saint, à l'issue de laquelle ils devaient prendre la discipline. Le lendemain de ces fêtes, on célébrait un service pour les associés défunts.—Cette compagnie prit des premières une mesure qui fut plus tard adoptée dans toutes les autres : ses membres décidèrent qu'ils n'admettraient aucune personne ayant appartenu à une autre association de pénitents. Ceux des associés qui avaient quitté « légèrement » la confrérie ne pouvaient y rentrer que durant un délai de six mois. Notons enfin que tous les officiers, sans exception, étaient élus par la compagnie, le recteur et le vice-recteur au scrutin secret, les autres après une conférence à voix basse.

Nous trouvons, du reste, dans les statuts des pénitents blancs, les mêmes dispositions que dans les règlements des autres compagnies : l'examen de conscience doit être fait avec soin chaque soir ; les confrères s'obligent à vivre en paix, à vaquer à diverses œuvres de charité, à visiter les malades, les prisonniers, à assister aux obsèques des associés, etc.

Les mêmes recommandations figurent dans le règlement de deux compagnies approuvées toutes les deux par le pape Paul V, et fondées, celle des pénitents gris, vers 1611, dans la chapelle de Saint-Antoine, au cimetière des Arènes, vers le bas du Champ-de-Foire actuel ; — l'autre, celle des pénitents feuille-morte, en 1615, dans l'église paroissiale de Saint-Martial de Montjovis, sise au-delà et en arrière de la rampe de Montjovis, sur le chemin venant du Petit-Tour, près de l'Ermitage. Saint François-d'Assise était le patron des premiers, qui avaient pris pour leur fête patronale le jour de la Commémoration de ses stigmates et qui célébraient cette fête le premier dimanche de juin. Les assemblées des pénitents gris étaient fixées au premier dimanche du mois; mais ils se réunissaient tous les dimanches dans l'après-midi, pour chanter les vêpres. Il y avait aussi réunion à la tribune aux cinq grandes fêtes de la Vierge, à l'Ascension et à la Circoncision. Tous les jours de communion, les confrères étaient tenus de prendre la discipline en récitant un *Miserere* et certaines oraisons. Celui qui avait des raisons sérieuses pour s'excuser devait solliciter une dispense au recteur et « se tenir en croix » pendant la durée de la flagellation. Les élections avaient lieu le premier dimanche de l'Avent. L'abbé Bullat rapporte, dans son mémoire manuscrit, que, les jours de fête, la chapelle des pénitents gris était ornée de tapisseries d'un grand prix, représentant des scènes de la vie de saint François. On ne sait ce que devinrent ces tentures.

Les pénitents feuille-morte, qui avaient été fondés par une pieuse société, composée d'un bourgeois, Jean Lemoine, et de huit prêtres, s'assemblaient le matin du premier dimanche et l'après-midi du troisième dimanche du mois; dans l'origine, ils se réunissaient chaque dimanche pour réciter les vêpres. Comme dans les autres compagnies, il y avait des assemblées supplémentaires à certaines autres dates. Les « pénitents feuille morte de la Miséricorde » avaient été établis sous l'invocation de sainte Marie-Madeleine; le jour de la fête de cette sainte était le jour de leur principale fête et de leur procession particulière. Ils célébraient aussi avec solennité celle de saint Martial et assistaient, le dimanche après le jour anniversaire du miracle des Ardents, à la messe basse que faisait célébrer à Montjovis la confrérie du Saint-Sépulcre. Les confrères s'engageaient à jeûner le premier vendredi de chaque mois, la veille de Saint-Martial et la veille de Sainte-Marie-Madeleine, à se confesser et communier une fois par mois, à dire la prière du matin et du soir « telle qu'elle est dans le catéchisme », et à réciter tous les jours soit l'antienne de Sainte-Madeleine : *Surgens Jesus mane*, soit sept *Pater* et sept *Ave*. — On élisait les officiers le dimanche de Quasimodo et, le dimanche suivant, le trésorier sortant rendait ses comptes.

Notons un détail de mœurs curieux : les bouchers n'étaient admis que dans les deux compagnies des pénitents gris et des pénitents feuille-morte.

Il faut croire qu'après l'établissement de la compagnie des

pénitents feuille-morte, la nouvelle institution avait épuisé sa première sève, et que les cinq confréries existantes suffisaient à la dévotion des habitants de Limoges ; car cinquante ans s'écoulèrent sans qu'on vît s'élever d'autre association de ce genre. Vers 1660, les pénitents noirs, qui avaient jusqu'à cette époque assisté les suppliciés, ayant refusé, dit-on, de remplir cette mission à l'égard d'un de leurs confrères, condamné à mort, quelques personnes pieuses eurent la pensée de créer à Limoges une confrérie analogue à celle fondée à Lyon, en 1625, par César Lauro, et dont l'objet spécial fût de soulager le sort des prisonniers et de procurer aux criminels ayant encouru la peine capitale, des consolations et des secours de tout genre. L'entreprise rencontra mille obstacles, suscités surtout par les compagnies de pénitents, lesquelles ne voyaient pas sans jalousie l'établissement d'une sixième association formée sous les auspices de personnes fort estimées : elles craignaient, non sans quelque raison, que la faveur du public se détournât d'elles pour s'attacher à la nouvelle confrérie. Voilà sans doute de singulières considérations et d'étranges pensées, bien éloignées des sentiments qu'on devrait s'attendre à rencontrer dans l'âme de vrais pénitents ; mais les pénitents sont des hommes, et de si bonne foi qu'ils professent l'humilité, ils n'en sont pas moins accessibles par quelque côté aux faiblesses humaines. La jalousie est du reste un sentiment auquel ne peuvent échapper les associations qui vivent côte à côte avec d'autres associations de même nature. Plût à Dieu que nos pénitents n'eussent jamais mérité d'autre reproche !

Malgré les obstacles, la compagnie des *Pénitents pourpres de la Charité, sous le titre de Jésus patissant*, parvint à s'établir ; mais elle n'obtint — les *Annales manuscrites* l'attestent, — l'autorisation de Mgr de La Fayette, que grâce au curé de Saint-Aurélien, Jean Goudin. Cet ecclésiastique, très influent et très respecté, avait été d'ailleurs le principal organisateur de la nouvelle association. Quant au présidial, que la conduite des pénitents noirs, à l'occasion du fait rappelé plus haut, avait indisposé, il semble avoir vu avec plaisir la création de la compagnie des pourpres. Aussi accueillit-il favorablement la requête que lui présenta, au nom des associés, un avocat du siége, Me Aymeric Gendraud. Le texte de ce factum nous a été conservé : après un exorde pompeux où le sanctuaire de la justice était comparé au temple de Jérusalem, le juge au prêtre et le condamné au bouc-émissaire

de l'ancienne loi, l'orateur entamait l'apologie de la confrérie, puis il arrivait à l'objet de la requête. Les pénitents demandaient qu'il leur fût permis d'assister les prisonniers, et spécialement « d'entrer deux à deux, successivement, reves-
» tus de leurs sacs, dans le lieu où seroient les condam-
» nés à mort, pour les consoler et les fortifier contre l'effroy
» qu'elle leur peut inspirer, — de les prendre procession-
» nellement à la porte du palais, les conduire et accompa-
» gner jusques au lieu destiné pour le supplice, et là, après
» les avoir veu expirer dans les tourments, prendre leur
» corps, si autrement n'en est ordonné, pour les inhumer en
» terre sainte, dans un endroit qui seroit marqué pour cet
» effet ».

A partir du 13 mai 1662, date de l'arrêt du présidial qui fit droit à la requête de l'avocat de la compagnie, jusqu'en 1743, c'est-à-dire pendant quatre-vingts ans, les pénitents pourpres remplirent avec un zèle et un dévouement au dessus de tout éloge leur mission de charité auprès des condamnés. Chaque année, les confrères désignaient un syndic et douze visiteurs chargés de faire la quête à la porte des églises où était exposé le Saint-Sacrement, et de parcourir trois fois par semaine la boucherie et le marché pour y recueillir des offrandes destinées aux prisonniers. Ceux-ci, grâce au dévouement de la compagnie, avaient une nourriture plus variée et plus saine, une couche moins dure, du linge propre, des vêtements. Quand un criminel était condamné au dernier supplice, les visiteurs passaient dans toute la ville pour solliciter des aumônes qui devaient être employées, soit à procurer quelques adoucissements au malheureux et quelques secours à sa famille, soit à faire dire des messes pour le repos de son âme.

Parmi les prières que les pénitents pourpres récitaient le jour d'une exécution, il y en avait une qui mérite une mention particulière : les litanies pour les condamnés. Après les invocations d'usage adressées à Dieu, à la Sainte-Vierge et aux principaux saints, parmi lesquels figurent les saints Inno-cents, saint Martial, sainte Valérie, saint Loup, saint Léonard « qui brise les fers des captifs », etc., on supplie le Seigneur de délivrer le patient de la puissance du démon, de le préser-ver de ses embûches, de l'endurcissement et de l'aveuglement, de la faiblesse et du désespoir, de la crainte de la mort et de la terreur du châtiment, de la honte et du trouble où peut le jeter le sentiment de son ignominie, de toute colère et de toute haine. On demande à Jésus-Christ, au nom des maux qu'il a endurés, d'accorder au criminel le courage dont il a besoin, la résignation, la contrition et le salut. Il y a dans ces litanies quelque chose de barbare et de touchant à la fois qui rappelle la note étrange de la fameuse prose des morts, et il est difficile de les lire sans ressentir une singulière impression. Les pénitents les récitaient en accompagnant le condamné, que deux ecclésiastiques, membres de la confrérie, revêtus de surplis et d'étoles noires, soutenaient et exhortaient durant le funèbre trajet. La lugubre psalmodie continuait au pied de l'échafaud. L'exécution terminée, le corps était détaché du gibet ou de la roue et mis dans la bière par des confrères qui avaient acquis aux enchères le droit de remplir ce pénible office, puis transporté dans l'église Saint-Cessateur, placée à peu de distance du point où se croisent la rue Pétiniaud-Beaupeyrat et l'avenue qui descend du Sacré-Cœur, à l'angle formé par la rue des Pénitents-Rouges, montant parallèlement à l'avenue du Sacré-Cœur. Le cimetière au milieu duquel s'élevait cette église, avait été abandonné depuis la grande peste de 1632 : presque toutes les personnes mortes de la contagion y ayant alors été inhumées. C'était le lieu destiné à recevoir les restes des suppliciés. Chaque année, le jour de la fête des Morts, les pénitents pourpres venaient prier pour le repos de l'âme de ceux qu'ils avaient inhumés là, et par un sublime raffinement d'humilité et de charité, souvent les membres de la compagnie voulurent que leur corps fût enterré à côté de la dépouille des criminels.

On a conservé à Limoges un vague souvenir du fait qui amena le Parlement à s'occuper des pénitents de notre ville et à leur interdire d'assister le patient au moment du supplice. C'était à la fin de 1742 ou au commencement de 1743 : un déserteur de la milice, ayant tué l'archer qui l'avait surpris dans sa cachette, fut condamné au gibet. La victime passait pour avoir précédemment accepté de l'argent de ce pauvre diable ou de sa famille, et s'être engagée à ne le point arrêter. Aussi la population témoignait elle au meurtrier un intérêt extraordinaire. Les écoliers de la ville formèrent le projet de l'arracher au bourreau ; ils s'entendirent avec les pénitents : la corde du gibet fut sciée sur une partie de son épaisseur ou, selon la tradition, frottée avec de l'eau forte. Quand le bourreau y eût attaché le patient, elle ne put supporter ce poids et se rompit. Le condamné, tombé sur le sol, fut aussitôt entouré par les pénitents qui protégèrent sa fuite. Le peuple ému de pitié, leur prêta assistance, et le meurtrier fut sauvé.

A la suite de cet épisode, qui eut alors un certain retentissement et qui a fourni à notre compatriote, Elie Berthet, le sujet d'une nouvelle, le Parlement de Bordeaux rendit, à la date du 3 avril 1743, un arrêt défendant « à tous pénitents » rouges et blancs, et autres de quelques couleurs qu'ils soient », d'assister « en habit de pénitents et en corps de confrérie » aux exécutions capitales dans toute l'étendue du ressort.

Il s'était déjà passé dans d'autres villes des incidents analogues à celui que nous venons de raconter, et l'on vit, dix-neuf ans plus tard, à Montpellier, le même fait se reproduire : les pénitents qui entouraient le gibet coupèrent la corde et voulurent enlever le condamné ; mais cette fois la tentative échoua, grâce à la fermeté de l'aide-major de la place, qui était présent à l'exécution.

Les statuts des pénitents pourpres ressemblaient, au surplus, à ceux des autres confréries. Ils s'assemblaient le quatrième dimanche de chaque mois, matin et soir, et le deuxième dimanche, l'après-midi seulement ; ils avaient de plus des réunions aux fêtes de la Vierge, tous les dimanches de l'Avent et du carême, et tous les dimanches de juillet jusqu'au jour de la Transfiguration, qui était leur fête. Leurs processions étaient de toutes les cérémonies de ce genre celles qui attiraient le plus de curieux. Dans les rangs de la compagnie, on voyait marcher les douze apôtres et les saintes femmes, revêtus de riches costumes.

Des six compagnies de pénitents que possédait la ville de Limoges, celle des pourpres était la plus nombreuse. A la procession du Jubilé de 1776, on en compta deux cent cinquante. L'abbé Bullat affirme en avoir vu, une année d'ostension, quatre cent soixante, revêtus de leur sac.

Nous avons dit que les compagnies de pénitents avaient toujours exercé largement la charité à l'extérieur : leurs rangs s'étant peu à peu ouverts à toutes les classes de la société, et un grand nombre d'associés se trouvant dans une position précaire, les statuts ajoutèrent à l'obligation imposée aux confrères de se donner assistance l'un à l'autre dans les besoins spirituels, celle de se fournir mutuellement les secours matériels dont ils pourraient avoir besoin. Cette obligation fut scrupuleusement et cordialement remplie. Chaque compagnie formait comme une famille dont les membres étaient unis par une étroite et touchante solidarité. — « Il n'y a pas de pauvres » parmi nous », disaient, dans une supplique collective adressée au ministre, en 1782, les prieurs de ces confréries. Et ils pouvaient le dire en toute vérité. Cet esprit s'affirma d'une façon éclatante en plusieurs occasions. Lors du grand incendie de 1790, notamment, les pénitents se firent remarquer par la générosité avec laquelle ils vinrent en aide à ceux de leurs membres qui se trouvaient parmi les victimes du fléau.

Chaque compagnie, comme on l'a vu, faisait une procession particulière le jour de la fête patronale et le soir du Jeudi-Saint. Depuis 1643, les pénitents avaient été autorisés, malgré l'opposition du présidial, à prendre part aux processions générales du Saint-Sacrement. Plus tard ils figurèrent également à celles de l'Assomption. Ces jours là, comme à la procession qu'ils faisaient lors des ostensions septennales pour vénérer les reliques des saints, et qui attirait à Limoges une affluence considérable de personnes des environs, les compagnies rivalisaient de luxe et de magnificence C'était à qui aurait le plus nombreux cortége, les voiles de croix les plus coûteux, les plus gros cierges, les plus précieux panonceaux. Les chapelets étaient chargés de médailles et de médaillons émaillés ; les livres de chant, richement reliés et à la couleur de la confrérie. L'auteur anonyme de la relation de la grande procession du 20 juin 1686 fait défiler devant nous toutes les compagnies : les pénitents pourpres, avec leur croix couverte d'un voile « de brocard rouge à fleurs », les feuille-morte, dont le voile est « de tabis feuille-morte, semé de larmes de fil d'argent, brodé de dentelle d'argent ». Les gris, dont les officiers portent six panonceaux d'argent et dont la croix est couverte d'une « moire à fond d'argent ». Celle des blancs est brodée de larmes d'argent et porte un christ et un soleil du même métal. Les officiers de cette association ont aussi des bâtons d'argent « avec la figure d'un agneau dans un soleil, aussi d'argent ». Le voile des bleus est « d'un très beau tabis, semé de fleurs de » lis d'or, faites à l'aiguille et bordé d'une dentelle d'or »; celui des noirs « de moire frangée d'argent »; leurs officiers ont des bâtons d'ébène et des panonceaux d'argent. — A cette cérémonie assistaient environ six cents pénitents.

Notons que, pendant cent cinquante ans, les pénitents ne se montrèrent jamais en public que pieds nus. Aux obsèques des confrères seulement, ils portaient des chaussures. Dans la seconde moitié du XVIIIe siècle, l'habitude s'établit parmi eux de paraître ainsi, même aux processions; mais le porte-croix et ses acolytes conservèrent l'ancienne coutume et nous les avons vu jusqu'à nos jours y rester fidèles. Le droit de porter la croix était conféré, dans certaines compagnies, aux titulaires d'offices déterminés; ailleurs, il était mis aux enchères, — usage qu'on retrouve dans la plupart de nos confréries limousines.

En 1781, un incident de peu de gravité en lui-même faillit compromettre l'existence de nos compagnies de pénitents. A une procession, un officier du régiment des dragons d'Artois affecta d'entrer dans les rangs des pénitents gris et d'y marcher le chapeau sur la tête. Un bâtonnier de la confrérie alla à lui et l'invita à se retirer : une vive altercation s'ensuivit. L'autorité voulut faire mettre en prison le pénitent; ses confrères réussirent à le cacher. L'affaire prit de telles proportions que le gouvernement menaça de supprimer les compagnies. Sur l'ordre du ministre, l'intendant enjoignit à celles-ci d'avoir à produire leurs statuts et leurs titres de fondation; quelques personnages influents, Mgr d'Argentré, notamment, s'interposèrent, et on les laissa subsister.

Les pénitents, comme toutes les autres associations de piété, suspendirent leurs exercices pendant la crise révolutionnaire; mais tel était l'attachement des habitants de Limoges à ces confréries, auxquelles ils appartenaient depuis deux siècles, de père en fils, et où chaque famille comptait plusieurs membres, qu'elles se réorganisèrent dès le rétablissement du culte. On vit même paraître une septième compagnie, les « Pénitents » violets de l'Annonciation de l'Incarnation de Notre-Seigneur » Jésus-Christ »; sous ce titre s'était reformée la confrérie du *Stabat*, établie jadis dans l'église de Sainte-Félicité. Instituée en 1805, cette association faisait ses exercices dans l'ancienne église des Jacobins devenue l'église paroissiale de Sainte-Marie, (d'abord Saint-Thomas d'Aquin). — Elle s'éteignit la première; seule, croyons-nous, de toutes les compagnies de Limoges, elle admettait des associés des deux sexes. Le costume consistait dans un sac blanc, retenu à la ceinture par un cordon violet. Les femmes qui faisaient partie de la confrérie portaient seulement le cordon. Les pénitents violets étaient accompagnés, dans les processions, d'un cortége représentant le martyre de sainte Félicité; nous avons dit que d'autres compagnies, les pénitents pourpres, notamment, avaient coutume d'offrir au peuple des spectacles analogues. Mgr de Tournefort, évêque de Limoges, interdit, en 1827, ces sortes de représentations. Cette défense n'excita pas un mécontentement moins grand que celui causé une vingtaine d'années auparavant par le règlement général de Mgr du Bourg sur les confréries : le prélat s'était souvenu des difficultés que les pénitents avaient, sous l'administration de ses prédécesseurs, suscitées au clergé des paroisses, et il avait pris les mesures nécessaires pour en prévenir le retour : les confréries étaient absolument subordonnées au curé, qui devenait le véritable chef de la compagnie : le prieur n'était plus que son lieutenant.

Aucune des églises ou chapelles qui avaient servi d'oratoire aux pénitents avant la Révolution ne subsistait en 1804 : celles qui n'avaient pas été démolies étaient appropriées à l'usage des particuliers. Saint-Pierre donna un asile aux pénitents pourpres, puis aux noirs et aux blancs, que Sainte-Marie avait d'abord recueillis. Les bleus, les gris et les feuille-morte reçurent l'hospitalité à Saint-Michel ; ces derniers, qui comptaient beaucoup de membres appartenant à la Boucherie, allèrent dans la suite s'établir à Saint-Aurélien. Chaque compagnie reprit ses exercices et ses œuvres de charité. Elle retrouva même ses traditions de luxe, comme en témoignaient les voiles des croix et certains accessoires ; mais l'esprit des associations de pénitents ne put se réveiller avec son ancienne ferveur ; aucune des compagnies, à l'exception peut-être de celle des gris, qui réunirent, dans les premières années de l'empire, plus de deux cents membres, ne retrouva son importance et sa prospérité passées. Les événements de 1830 et de 1848, et le courant d'idées qui s'établit dans la bourgeoisie et les classes ouvrières portèrent le dernier coup à l'institution des pénitents ; celle-ci ne bénéficia pas du retour du goût public et de la mode vers les choses du moyen âge : le côté artistique et poétique, qui avait été le principal attrait de cette espèce de renaissance, faisait ici à peu près défaut. — Le clergé paroissial paraît avoir fait, vers 1851, quelques efforts pour empêcher la désorganisation des confréries de pénitents ; ces efforts devaient être vains. Le nombre des confrères qui assistaient aux processions décrut peu à peu. L'une après l'autre, les compagnies se décidèrent à n'y plus paraître. La grande procession de l'ostension de 1862 avait vu pour la dernière fois les six anciennes confréries occuper leur place accoutumée dans le cortége. En 1869, des vides se produisirent ; les pénitents pourpres, qui avaient pour la dernière fois, en 1854, rempli leur pieux ministère auprès d'un parricide exécuté à Limoges, n'avaient pas répondu à la convocation. Les événements de 1870-71 achevèrent de désorganiser les associations qui subsistaient encore. Les compagnies se sont une à une éteintes, malgré les efforts de quelques pieux ecclésiastiques et de quelques confrères dévoués. On ne trouve même pas, dans leurs registres, trace d'une dernière crise, et aucune n'a laissé de testament. On voit insensiblement les élections tomber en désuétude, les admissions se faire rares, le nombre des membres diminuer, le chiffre des cotisations devenir de plus en plus dérisoire..., puis plus rien La plume du trésorier s'est arrêtée comme par lassitude : il n'y a plus ni trésorier ni compagnie. En 1875, les pénitents noirs firent encore chanter à Saint-Pierre une messe le jour de leur fête. C'est le dernier signe de vie qu'aient donné ces confréries, et c'est à la plus ancienne de toutes que revient l'honneur d'avoir succombé la dernière. Les costumes et les ornements appartenant à cette compagnie sont restés entre les mains des héritiers de son dernier trésorier, M. Cheyroux, épicier, place d'Aine; ceux des pénitents pourpres sont déposés chez M Blémond, menuisier, faubourg Montmailler; ceux des gris et des bleus, dans l'église de Saint-Michel; ceux des feuille-morte à Saint-Aurélien; ceux des blancs, depuis le décès de M. Marsaudon, trésorier, ont été remis, sur la demande de M. Dubouché, au Musée de la ville, à l'exception des panonceaux d'argent achetés avec le produit d'un legs de M. de Beaubreuil et qui ont été gardés par la fabrique de Saint-Pierre, pour le service de l'église. Lors de l'exposition de l'*Histoire du costume en France*, il y a six ans, on a pu voir, au palais des Champs-Elysées, une curieuse procession de pénitents limousins, disposées avec une rare entente de l'effet. La gravure placée en tête de ces pages reproduit fidèlement cette exhibition, qui fut particulièrement remarquée.

On sait qu'outre les compagnies établies dans la ville épiscopale, il existait, avant 1789, un grand nombre d'associations de pénitents dans l'ancien diocèse de Limoges. Nous en donnons ici la liste avec la date de leur fondation, ou la date la plus ancienne à laquelle on trouve mentionnée leur existence :

Pénitents noirs à Felletin (1606), à Châteauponsac (1663), à Guéret (1673), à Colonges (1681), à Donzenac (avant 1681), à Brive (1681), à Aubusson (1682), à Aixe (17..);

Pénitents BLEUS, à Saint-Junien (1611), à Saint-Léonard (1612), à Felletin (1612, *al.* 1617), à Nedde (1618), à Peyrat-le-Château (1629), à Meymac (1647), à Confolens (1656), à Saint-Yrieix (1664), à Ussel (1670), à Eymoutiers (avant 1644), à Beaulieu (1684), à Saint-Pierre-Château (...?), à Bourganeuf (...?), à Brive (...?);

Pénitents BLANCS, à Moutier-Rozeille (1609?), à Felletin (1612), à Saint-Léonard (1612), à Chabanais (1614), à Guéret (1626), à Saint-Vaury (1630, *al.* 1634), à Meyssac (1631), à Treignac (1637, *al.* 1641), à Saint-Setier (1641), à Ahun (1643), à Eymoutiers (1644), à Allassac (1665), à Donzenac (1667), à Ussel (1673?), à Bellegarde (1680 *al.* 1682), à St-Sylvain (1681), à Aubusson (1657, *al.* 1689), à Chambon (1717), à Neuvic (1719), à Sainte-Féréole (1719), à Bellac (1726), à Bourganeuf, à Brive, à Meymac, à Chamberet, à Egletons, à Confolens, à Turenne, à La Jonchère (...?);

Pénitents GRIS, à Saint-Junien (1629), à Ussel (1670), à Châlus (1684);

Pénitents FEUILLE-MORTE, à Saint-Léonard (1627).

Tulle et son diocèse possédaient aussi beaucoup de compagnies de pénitents.

Dans presque toutes les localités où ces confréries existaient avant la Révolution, on les a vu renaître, et dans la plupart, elles se sont éteintes comme à Limoges. Quelques petites villes seulement dans notre région ont encore des pénitents. Par contre nous devons signaler, sur plusieurs points du Midi de la France, un remarquable réveil de l'institution. Le diocèse de Montpellier fournit l'exemple le plus frappant de ce mouvement singulier. En 1873, plus de cinq cents confrères sont accourus de toutes les paroisses de l'Hérault pour se joindre aux pénitents blancs de la ville épiscopale, le jour de la Fête-Dieu; le 17 août de la même année, on a vu quinze cents pénitents prendre part à un pèlerinage à Notre-Dame du Grau-d'Agde.

Louis GUIBERT.